POSTCARD

POSTCARD

POSTCARD

POSTCARD

POSTCARD

POSTCARD

POSTCARD

POSTCARD

POSTCARD

POSTCARD

POSTCARD

POSTCARD

POSTCARD

POSTCARD

POSTCARD

POSTCARD

POSTCARD

POSTCARD

POSTCARD

POSTCARD

POSTCARD

POSTCARD

POSTCARD

POSTCARD

POSTCARD

POSTCARD

POSTCARD

POSTCARD

POSTCARD

POSTCARD

POSTCARD

POSTCARD

POSTCARD

POSTCARD

POSTCARD

POSTCARD

POSTCARD

POSTCARD

POSTCARD

POSTCARD

POSTCARD

POSTCARD

POSTCARD

POSTCARD

POSTCARD

POSTCARD

POSTCARD

POSTCARD